"Manual Práctico de Autoayuda"

"Manual Práctico de Autoayuda"

While every precaution has been taken in the preparation of this book, the publisher assumes no responsibility for errors or omissions, or for damages resulting from the use of the information contained herein.

"MANUAL PRÁCTICO DE AUTOAYUDA"

First edition. December 1, 2023.

ISBN: 979-8223659815

Written by Max Becerra.

Introducción.

"El libro de Manual Práctico de autoayuda: Descubre tu potencial y transforma tu vida" es una obra inspiradora y transformadora que te guiará en un viaje de autodescubrimiento y crecimiento personal. Escrito por él, Dr. Cesar Becerra Rivas, este libro te brinda las herramientas y los conocimientos necesarios para alcanzar una vida plena, equilibrada y llena de significado.

En estas páginas, encontrarás una combinación única de sabiduría ancestral y técnicas modernas de desarrollo personal, diseñadas para ayudarte a superar obstáculos, liberar tu potencial y alcanzar tus metas más ambiciosas. El autor comparte su profundo conocimiento y experiencia en un lenguaje claro y accesible, permitiéndote aplicar estas enseñanzas a tu vida diaria de manera práctica y efectiva.

A través de capítulos cuidadosamente estructurados, explorarás temas fundamentales como el autodescubrimiento, la gestión del tiempo, la autoestima, la resiliencia emocional y la creación de relaciones saludables. Cada capítulo está lleno de ejercicios, reflexiones y consejos prácticos que te ayudarán a desarrollar una mentalidad positiva, a superar tus miedos y a construir una vida llena de propósito y satisfacción.

Ya sea que estés buscando un cambio significativo en tu carrera, mejorar tus relaciones personales o simplemente encontrar una mayor paz interior, te brindara las herramientas necesarias para lograrlo. Prepárate para embarcarte en un viaje de auto transformación, donde descubrirás tu verdadero potencial y te convertirás en el arquitecto de tu propia felicidad.

¡Este libro es tu guía personal hacia una vida plena y significativa! No importa quién eres ni dónde te encuentres en tu camino, las enseñanzas contenidas en estas páginas te ayudarán a desbloquear tu máximo potencial y a vivir una vida llena de éxito y realización.

Espero que esta introducción capte tu interés y te inspire a explorar más en las páginas de este libro. Si tienes alguna otra pregunta o necesitas más información, no dudes en decírmelo. ¡Estoy aquí para ayudarte en tu viaje de crecimiento personal!

Como Médico y escritor, me comprometo a transmitir mensajes inspiradores, que resuenen con los lectores de todo el mundo. Mi enfoque será proporcionar herramientas prácticas y consejos valiosos para fomentar el crecimiento personal, la superación de obstáculos y el logro de una vida plena y satisfactoria.

A través de historias motivadoras, ejercicios reflexivos y estrategias probadas, mi libro buscará despertar el potencial interior de cada individuo y guiarlos hacia el éxito y la felicidad. Exploraré temas como la confianza en uno mismo, la resiliencia, la gestión del tiempo, la comunicación efectiva y el establecimiento de metas realistas.

Mi objetivo final es impactar positivamente la vida de las personas y ayudarlas a descubrir su propio poder para alcanzar sus sueños. Estoy emocionado de embarcarme en esta aventura literaria contigo y espero que juntos podamos lograr grandes cosas. ¡Vamos a hacerlo!

Prefacio: "Manual Práctico de Autoayuda: Descubre el Poder de Transformar tu Vida"

Querido lector,

Es un honor presentarte el "Manual Práctico de Autoayuda", una guía completa diseñada para ayudarte a descubrir y desatar el poder transformador que reside dentro de ti. En estas páginas, encontrarás una colección de herramientas, técnicas y consejos prácticos que te permitirán enfrentar los desafíos de la vida con confianza y superar obstáculos que puedan estar impidiendo tu crecimiento personal.

Este libro ha sido creado con el propósito de brindarte una guía clara y accesible para que puedas desarrollar habilidades de autoconocimiento, autoestima y autogestión emocional. A través de ejercicios prácticos, reflexiones profundas y estrategias probadas, te invitamos a explorar tu potencial y alcanzar una vida plena y satisfactoria.

Nuestro enfoque se basa en la premisa de que cada individuo tiene la capacidad de cambiar su realidad y encontrar el equilibrio en todas las áreas de su vida. Ya sea que estés lidiando con el estrés, la ansiedad, la falta de motivación o la baja autoestima, este manual te proporcionará las herramientas necesarias para superar esos desafíos y construir una vida llena de propósito y significado.

A lo largo de estas páginas, encontrarás ejemplos de casos reales, testimonios inspiradores y consejos prácticos de expertos en el campo de la psicología y el desarrollo personal. Nuestro objetivo es brindarte una experiencia enriquecedora y motivadora que te impulse a tomar acción y lograr cambios positivos en tu vida.

Recuerda que este manual es solo una guía, y el verdadero poder de transformación reside en ti. Estamos aquí para acompañarte en tu viaje hacia el crecimiento personal y la autorrealización. Te invitamos a sumergirte en estas páginas con mente abierta y corazón dispuesto, y confiamos en que encontrarás las herramientas necesarias para alcanzar la vida que deseas.

¡Bienvenido a este viaje de autodescubrimiento y empoderamiento!

Con cariño,
Max.

Prólogo: "Manual Práctico de Autoayuda: Descubre el poder de transformar tu vida"

¡Bienvenidos a este Manual Práctico de Autoayuda! Estás a punto de embarcarte en un viaje de autodescubrimiento y crecimiento personal que te llevará a explorar las herramientas y estrategias necesarias para transformar tu vida de manera positiva.

En un mundo lleno de desafíos y obstáculos, es fundamental contar con recursos internos que nos permitan enfrentarlos con confianza y determinación. Este manual ha sido creado con el propósito de brindarte las herramientas prácticas y los conocimientos necesarios para que puedas tomar las riendas de tu vida y alcanzar tus metas y sueños más profundos.

A lo largo de estas páginas, encontrarás una variedad de técnicas y ejercicios diseñados para ayudarte a desarrollar una mentalidad positiva, fortalecer tu autoestima, gestionar el estrés y las emociones, establecer metas claras y alcanzarlas, mejorar tus habilidades de comunicación y cultivar relaciones saludables.

Este manual no pretende ser una solución mágica ni un camino fácil hacia el éxito instantáneo. Sin embargo, te brindará las herramientas necesarias para que puedas construir una base sólida desde la cual puedas crecer y alcanzar tus objetivos. Recuerda que el cambio requiere tiempo, esfuerzo y compromiso, pero los resultados valdrán la pena.

A medida que te sumerjas en las páginas de este manual, te animamos a que te involucres activamente en los ejercicios propuestos, reflexiones sobre tus propias experiencias y te permitas explorar nuevas perspectivas. Recuerda que eres el protagonista de tu propia historia y que tienes el poder de transformar tu vida.

Este manual ha sido creado con amor y dedicación, con la intención de ser una guía práctica y accesible para cualquier persona que desee mejorar su bienestar y alcanzar su máximo potencial. Esperamos que encuentres en estas páginas la inspiración y el apoyo que necesitas para iniciar tu viaje hacia una vida más plena y satisfactoria.

¡Estamos emocionados de acompañarte en este viaje de autodescubrimiento y crecimiento personal! Recuerda que eres capaz de lograr grandes cosas y que mereces vivir una vida llena de felicidad y éxito.

Con cariño,

Un Servidor.

Índice.

Autoayuda Generalidades.

Autoayuda Generalidades.

1. Descubriendo tu propósito de vida

Comienza explorando el significado de tu existencia, adentrándote en un viaje de autodescubrimiento, encuentra el propósito de tu vida. Es un camino fascinante y desafiante, lleno de preguntas y reflexiones profundas.

Comienzas por cuestionarte sobre tus pasiones y lo que realmente te apasiona. ¿Qué actividades te hacen sentir vivo y pleno? ¿En qué momentos te sientes más conectado contigo mismo y con el mundo que te rodea? Estas son pistas valiosas que te ayudarán a descubrir tu propósito.

Además, reflexionas sobre tus fortalezas y talentos innatos. ¿En qué áreas destacas naturalmente? ¿Qué habilidades posees que te diferencian de los demás? Reconocer tus dones te permitirá encontrar una dirección que te permita utilizarlos y desarrollar todo tu potencial.

A medida que profundizas en tu búsqueda, también te preguntas cómo puedes contribuir al bienestar de los demás y al mundo en general. ¿Qué problemas o desafíos te preocupan? ¿Cómo puedes utilizar tus habilidades y pasiones para marcar una diferencia positiva en la vida de los demás? Encontrar un propósito que tenga un impacto significativo en la sociedad puede brindarte un sentido de satisfacción y realización profunda.

No obstante, descubrir tu propósito de vida no es un proceso lineal ni estático. Es un viaje en constante evolución, donde es importante estar abierto a nuevas experiencias y aprendizajes. A veces, puede requerir tomar riesgos y explorar territorios desconocidos.

A medida que avanzas en tu búsqueda, es fundamental escuchar tu intuición y confiar en tu instinto. A veces, el propósito de vida puede revelarse a través de señales sutiles o momentos de claridad inesperados. Permítete estar abierto a estas revelaciones y confía en que el camino se irá desplegando ante ti.

En resumen, descubrir tu propósito de vida es un viaje personal y único. Requiere autoexploración, reflexión profunda y una conexión auténtica contigo mismo. A medida que te adentras en esta búsqueda, recuerda que el propósito puede cambiar y evolucionar a lo largo del tiempo. Lo más importante es seguir tu corazón y vivir una vida que sea auténtica y significativa para ti.

2. Cultivando una mentalidad positiva

Cultivar una mentalidad positiva es un proceso que implica adoptar una perspectiva optimista y constructiva hacia la vida. Al hacerlo, podemos enfrentar los desafíos con una actitud abierta y resiliente, lo que nos permite crecer y prosperar en diferentes aspectos de nuestra vida.

Para desarrollar una mentalidad positiva, es importante comenzar por ser conscientes de nuestros pensamientos y emociones. Observar cómo nos hablamos a nosotros mismos y cómo interpretamos las situaciones puede revelar patrones negativos que debemos cambiar. Al identificar estos patrones, podemos reemplazarlos con pensamientos más positivos y realistas.

Además, rodearnos de personas positivas y motivadoras puede tener un impacto significativo en nuestra mentalidad. Al interactuar con individuos que tienen una actitud positiva, podemos absorber su energía y perspectiva optimista. Esto nos ayuda a mantenernos enfocados en soluciones en lugar de quedarnos atrapados en problemas.

Otro aspecto importante para cultivar una mentalidad positiva es practicar la gratitud. Tomar el tiempo para apreciar las cosas buenas de nuestra vida, por pequeñas que sean, nos ayuda a cambiar nuestra atención hacia lo positivo. Esto nos permite encontrar alegría y satisfacción en las cosas simples y cotidianas.

Asimismo, establecer metas realistas y alcanzables puede ser un impulso para nuestra mentalidad positiva. Al tener objetivos claros, nos sentimos motivados y enfocados en el progreso. Celebrar nuestros logros, por pequeños que sean, refuerza nuestra confianza y nos impulsa a seguir adelante.

Por último, es importante recordar que cultivar una mentalidad positiva es un proceso continuo. Requiere práctica y paciencia para cambiar nuestros patrones de pensamiento arraigados. Sin embargo, con perseverancia y compromiso, podemos transformar nuestra forma de pensar y experimentar una vida más plena y satisfactoria.

En resumen, cultivar una mentalidad positiva implica ser conscientes de nuestros pensamientos, rodearnos de personas positivas, practicar la gratitud, establecer metas realistas y recordar que es un proceso continuo. Al adoptar esta mentalidad, podemos enfrentar los desafíos con una actitud constructiva y encontrar alegría en las pequeñas cosas de la vida.

3. Superando el miedo y la auto duda

Superar el miedo y la auto duda es un desafío que muchos enfrentamos en diferentes etapas de nuestras vidas. Estas emociones negativas pueden limitarnos y frenar nuestro crecimiento personal y profesional. Sin embargo, es posible superarlas y alcanzar nuestro potencial máximo.

El miedo es una respuesta natural ante situaciones desconocidas o amenazantes. Nos protege y nos mantiene alerta, pero cuando se vuelve paralizante, nos impide tomar riesgos y explorar nuevas oportunidades. Para superarlo, es importante entender su origen y enfrentarlo de manera gradual. Identificar las causas subyacentes de nuestro miedo nos permite abordarlo de manera más efectiva.

La auto duda, por otro lado, es la falta de confianza en nuestras habilidades y capacidades. Nos hace cuestionar nuestras decisiones y nos impide avanzar hacia nuestros objetivos. Para superarla, es fundamental cambiar nuestra mentalidad y cultivar una actitud positiva. Reconocer nuestros logros pasados y recordar nuestras fortalezas nos ayuda a construir una base sólida de confianza en nosotros mismos.

Una estrategia efectiva para superar el miedo y la auto duda es enfrentarlos de frente. Tomar pequeños pasos hacia adelante, desafiándonos a nosotros mismos y saliendo de nuestra zona de confort, nos ayuda a ganar confianza y a desvanecer el miedo. Además, rodearnos de personas positivas y de apoyo puede ser de gran ayuda. El apoyo de amigos, familiares o mentores nos brinda el aliento y la perspectiva necesarios para superar nuestras inseguridades.

La práctica de la autocompasión también es esencial en este proceso. Reconocer que todos cometemos errores y que el fracaso es parte del crecimiento nos permite aprender de nuestras experiencias y seguir adelante. Cultivar una mentalidad de crecimiento nos ayuda a ver los desafíos como oportunidades de aprendizaje y nos impulsa a seguir adelante a pesar de las dificultades.

En resumen, superar el miedo y la auto duda requiere un esfuerzo consciente y constante. Identificar las causas subyacentes, cambiar nuestra mentalidad, enfrentar los miedos y rodearnos de apoyo son pasos clave en este proceso. Con determinación y perseverancia, podemos liberarnos de estas emociones negativas y alcanzar nuestro máximo potencial. ¡No permitas que el miedo y la auto duda te detengan, atrévete a superarlos y verás cómo tu vida se transforma!

4. Construyendo relaciones saludables

Construir relaciones saludables es un proceso fundamental en nuestras vidas. Estas relaciones nos brindan apoyo emocional, nos ayudan a crecer y nos permiten experimentar una conexión significativa con los demás. Para lograrlo, es esencial cultivar habilidades de comunicación efectiva, empatía y respeto mutuo.

En primer lugar, la comunicación juega un papel crucial en la construcción de relaciones saludables. Es importante expresar nuestros pensamientos, sentimientos y necesidades de manera clara y respetuosa. Esto implica escuchar activamente a los demás, prestando atención a sus palabras y emociones. Al comunicarnos de manera abierta y honesta, establecemos una base sólida para la confianza y la comprensión mutua.

Además, la empatía es fundamental para construir relaciones saludables. Ponerse en el lugar del otro y tratar de comprender sus perspectivas y experiencias nos permite establecer conexiones más profundas. La empatía nos ayuda a ser comprensivos y compasivos, lo que fortalece los lazos emocionales y fomenta un ambiente de apoyo mutuo.

Asimismo, el respeto mutuo es esencial en cualquier relación saludable. Reconocer y valorar las diferencias individuales, así como los límites personales, es fundamental para mantener una relación equilibrada y armoniosa. El respeto implica tratar a los demás con cortesía, consideración y aceptación, sin intentar cambiarlos o imponer nuestras propias creencias y valores.

Construir relaciones saludables también implica establecer límites claros y saludables. Es importante comunicar nuestras necesidades y expectativas, así como respetar las de los demás. Establecer límites nos ayuda a mantener un equilibrio entre nuestras propias necesidades y las de los demás, evitando la sobre exigencia o la falta de respeto hacia nosotros mismos.

En resumen, construir relaciones saludables requiere de una comunicación efectiva, empatía, respeto mutuo y límites claros. Al cultivar estas habilidades, podemos establecer conexiones significativas y duraderas con los demás. Recordemos que las relaciones saludables son un proceso continuo que requiere atención y esfuerzo, pero los beneficios emocionales y personales que obtenemos son invaluables.

5. Desarrollando la resiliencia emocional

La resiliencia emocional es una habilidad fundamental para enfrentar los desafíos y adversidades de la vida. Nos permite adaptarnos y recuperarnos de situaciones difíciles sin perder nuestra estabilidad emocional. Desarrollar la resiliencia emocional implica cultivar una serie de cualidades y estrategias que nos fortalecen internamente.

Una de las claves para desarrollar la resiliencia emocional es cultivar una mentalidad positiva. Esto implica aprender a ver los obstáculos como oportunidades de crecimiento y aprendizaje en lugar de dejar que nos consuman. Al adoptar una actitud optimista, somos capaces de encontrar soluciones creativas y mantenernos enfocados en nuestros objetivos.

Otro aspecto importante es la gestión efectiva de las emociones. La resiliencia emocional implica reconocer y aceptar nuestras emociones, tanto las positivas como las negativas, sin juzgarnos a nosotros mismos. Aprender a regular nuestras emociones nos permite mantener la calma en momentos de estrés y tomar decisiones más acertadas.

La construcción de relaciones sólidas y de apoyo también es esencial para desarrollar la resiliencia emocional. Contar con una red de personas que nos brinden apoyo emocional y nos animen en momentos difíciles nos ayuda a mantenernos fuertes y motivados. Además, el apoyo social nos proporciona diferentes perspectivas y nos ayuda a encontrar soluciones a los problemas que enfrentamos.

La autocompasión es otro aspecto clave en el desarrollo de la resiliencia emocional. Ser amables y comprensivos con nosotros mismos nos permite superar los errores y fracasos sin caer en la autocrítica destructiva. La autocompasión nos ayuda a mantener una actitud positiva y a seguir adelante, incluso cuando las cosas no salen como esperamos.

Por último, es importante cultivar la capacidad de adaptación. La vida está llena de cambios y situaciones imprevistas, y la resiliencia emocional nos permite adaptarnos a estas circunstancias de manera flexible. Aprender a ser flexibles y abiertos a nuevas experiencias nos ayuda a encontrar soluciones creativas y a seguir avanzando a pesar de los obstáculos.

En resumen, desarrollar la resiliencia emocional implica cultivar una mentalidad positiva, gestionar eficazmente las emociones, construir relaciones de apoyo, practicar la autocompasión y ser flexibles en la adaptación. Estas cualidades y estrategias nos permiten enfrentar los desafíos de la vida con fortaleza y mantenernos emocionalmente equilibrados.

6. Mejorando la autoestima y la confianza en uno mismo

Mejorar la autoestima y la confianza en uno mismo es un proceso fundamental para alcanzar una vida plena y satisfactoria. La autoestima se refiere a cómo nos valoramos y nos percibimos a nosotros mismos, mientras que la confianza en uno mismo implica creer en nuestras habilidades y capacidades.

Existen diversas estrategias que pueden ayudarnos a fortalecer nuestra autoestima y confianza. Una de ellas es el autocuidado. Dedicar tiempo y atención a nuestras necesidades físicas, emocionales y mentales nos permite sentirnos bien con nosotros mismos. Esto puede incluir actividades como hacer ejercicio regularmente, comer de manera saludable, descansar lo suficiente y practicar técnicas de relajación.

Otro aspecto importante es el desarrollo de habilidades y conocimientos. Aprender nuevas cosas y adquirir competencias nos brinda un sentido de logro y nos ayuda a confiar en nuestras capacidades. Podemos buscar oportunidades de aprendizaje, ya sea a través de cursos, talleres o incluso explorando nuestros propios intereses y pasiones.

La comunicación asertiva también juega un papel crucial en la mejora de la autoestima y la confianza en uno mismo. Expresar nuestras opiniones y sentimientos de manera clara y respetuosa nos permite establecer límites saludables y fortalecer nuestras relaciones interpersonales. Aprender a decir "no" cuando sea necesario y defender nuestros derechos nos empodera y nos hace sentir más seguros de nosotros mismos.

Además, es importante desafiar y reemplazar los pensamientos negativos por pensamientos más positivos y realistas. Muchas veces, nuestra autoestima se ve afectada por creencias limitantes y autocríticas. Identificar estos patrones de pensamiento y trabajar en cambiarlos puede marcar una gran diferencia en cómo nos vemos a nosotros mismos.

Por último, rodearnos de personas que nos apoyen y nos animen es esencial. El apoyo social nos brinda un sentido de pertenencia y nos ayuda a sentirnos valorados. Buscar el contacto con amigos, familiares o incluso grupos de apoyo puede ser de gran ayuda para fortalecer nuestra autoestima y confianza en uno mismo.

En resumen, mejorar la autoestima y la confianza en uno mismo es un proceso continuo que requiere dedicación y trabajo personal. A través del autocuidado, el desarrollo de habilidades, la comunicación asertiva, el cambio de pensamientos negativos y el apoyo social, podemos construir una imagen positiva de nosotros mismos y enfrentar los desafíos de la vida con mayor seguridad y satisfacción.

7. Aprendiendo a establecer metas efectivas

Establecer metas efectivas es un proceso fundamental para alcanzar el éxito en cualquier área de nuestra vida. Nos permite enfocar nuestra energía y recursos en lo que realmente importa, y nos brinda una dirección clara hacia la cual trabajar. Aprender a establecer metas efectivas requiere de atención y reflexión, así como de un enfoque estratégico.

En primer lugar, es importante tener claridad sobre lo que realmente queremos lograr. Esto implica identificar nuestros deseos y aspiraciones más profundos, y visualizar cómo sería nuestra vida una vez que hayamos alcanzado esas metas. Al tener una visión clara del resultado deseado, podemos establecer metas que estén alineadas con nuestros valores y propósito de vida.

Una vez que tenemos claridad sobre nuestras metas, es importante que sean específicas y medibles. En lugar de establecer metas vagas como "quiero ser exitoso", es más efectivo definir metas concretas y cuantificables, como "quiero aumentar mis ventas en un 20% en los próximos seis meses". Esto nos permite tener un punto de referencia claro para evaluar nuestro progreso y nos motiva a tomar acciones específicas para lograrlo.

Además, nuestras metas deben ser realistas y alcanzables. Es importante ser honestos con nosotros mismos y considerar nuestras habilidades, recursos y limitaciones. Establecer metas demasiado ambiciosas o inalcanzables puede generar frustración y desmotivación. Es mejor establecer metas que nos desafíen, pero que también sean alcanzables con esfuerzo y dedicación.

Otro aspecto importante es establecer plazos para nuestras metas. Definir un tiempo límite nos ayuda a mantenernos enfocados y nos impulsa a tomar acciones concretas en un período determinado. Sin un plazo, nuestras metas pueden diluirse en el tiempo y perder su sentido de urgencia.

Además, es útil desglosar nuestras metas en pasos más pequeños y alcanzables. Esto nos permite tener un plan de acción claro y nos ayuda a mantenernos motivados a medida que alcanzamos cada hito. Celebrar nuestros logros parciales nos brinda un impulso adicional de motivación y nos ayuda a mantenernos en el camino hacia nuestras metas finales.

En resumen, aprender a establecer metas efectivas es un proceso que requiere de claridad, especificidad, realismo y plazos definidos. Al establecer metas que estén alineadas con nuestros valores y propósito de vida, y al desglosarlas en pasos alcanzables, podemos enfocar nuestra energía y recursos de manera estratégica para lograr el éxito en cualquier área que nos propongamos. ¡Así que adelante, comienza a establecer metas efectivas y ve tras tus sueños!

8. Manejando el estrés y la ansiedad

El manejo del estrés y la ansiedad es fundamental para mantener un equilibrio emocional y una buena salud mental. En nuestra vida cotidiana, nos enfrentamos a diversas situaciones que pueden generar estrés, como el trabajo, los estudios, las responsabilidades familiares y las presiones sociales. La ansiedad, por su parte, puede surgir como una respuesta natural ante situaciones de incertidumbre o peligro.

Existen diversas estrategias que podemos implementar para manejar de manera efectiva el estrés y la ansiedad. Una de ellas es la práctica regular de técnicas de relajación, como la respiración profunda, la meditación o el yoga. Estas técnicas nos ayudan a reducir la tensión muscular y a calmar la mente, permitiéndonos enfrentar las situaciones de manera más tranquila y serena.

Otra estrategia importante es identificar y modificar los pensamientos negativos o distorsionados que pueden alimentar la ansiedad. A menudo, nuestras preocupaciones y temores son exagerados o irracionales, por lo que es fundamental cuestionarlos y reemplazarlos por pensamientos más realistas y positivos. Esto nos permitirá reducir la ansiedad y abordar las situaciones de manera más objetiva.

Además, es importante cuidar nuestra salud física, ya que el estrés y la ansiedad pueden afectar nuestro bienestar general. Mantener una alimentación equilibrada, hacer ejercicio regularmente y dormir lo suficiente son hábitos fundamentales para fortalecer nuestro sistema inmunológico y reducir los niveles de estrés.

Asimismo, es recomendable establecer límites y prioridades en nuestra vida. A menudo, nos sobrecargamos de responsabilidades y nos exigimos demasiado, lo que puede generar un aumento en los niveles de estrés. Aprender a decir "no" cuando sea necesario y delegar tareas puede ayudarnos a reducir la presión y tener un mayor control sobre nuestra vida.

Por último, es importante buscar apoyo y compartir nuestras preocupaciones con personas de confianza. Hablar sobre nuestros sentimientos y emociones puede aliviar la carga emocional y brindarnos diferentes perspectivas y soluciones.

En resumen, el manejo del estrés y la ansiedad requiere de un enfoque integral que incluya técnicas de relajación, modificación de pensamientos negativos, cuidado de la salud física, establecimiento de límites y búsqueda de apoyo. Al implementar estas estrategias, podemos mejorar nuestra calidad de vida y disfrutar de un mayor bienestar emocional.

9. Practicando la gratitud y el mindfulness

Practicar la gratitud y el mindfulness es una forma poderosa de cultivar una mentalidad positiva y consciente en nuestra vida diaria. La gratitud nos invita a apreciar y valorar las bendiciones y experiencias positivas que encontramos en nuestro camino, mientras que el mindfulness nos ayuda a estar plenamente presentes en el momento presente, sin juzgar ni aferrarnos a pensamientos o emociones.

Cuando practicamos la gratitud, nos enfocamos en reconocer y agradecer las cosas simples pero significativas que a menudo pasamos por alto. Puede ser tan simple como apreciar el sol brillante en un día hermoso, disfrutar de una taza de café caliente por la mañana o expresar gratitud hacia las personas que nos rodean. Al cultivar esta actitud de gratitud, comenzamos a notar una transformación en nuestra perspectiva, ya que nos volvemos más conscientes de las cosas positivas que nos rodean.

El mindfulness, por otro lado, nos ayuda a estar plenamente presentes en cada momento. Nos permite sintonizar nuestros sentidos y experimentar plenamente lo que está sucediendo en el aquí y ahora. Al practicar el mindfulness, nos damos cuenta de los detalles sutiles que a menudo pasamos por alto, como el sonido del viento susurrando entre los árboles o la sensación de nuestra respiración mientras inhalamos y exhalamos. Esta atención plena nos ayuda a liberarnos de las preocupaciones del pasado o las ansiedades del futuro, permitiéndonos encontrar paz y serenidad en el momento presente.

La combinación de gratitud y mindfulness puede tener un impacto profundo en nuestra vida. Al practicar la gratitud, aprendemos a enfocarnos en lo positivo y a apreciar las pequeñas cosas que nos brindan alegría. Al mismo tiempo, el mindfulness nos ayuda a estar presentes y conscientes de cada momento, permitiéndonos saborear plenamente la vida y encontrar calma en medio del caos.

Al practicar la gratitud y el mindfulness de manera regular, comenzamos a desarrollar una mentalidad más positiva y una mayor capacidad para manejar el estrés y las dificultades. Nos volvemos más conscientes de nuestras emociones y pensamientos, lo que nos permite responder de manera más consciente y compasiva a las situaciones que enfrentamos.

En resumen, practicar la gratitud y el mindfulness es una forma poderosa de cultivar una mentalidad positiva y consciente. Nos ayuda a apreciar las bendiciones en nuestra vida y a estar plenamente presentes en cada momento. Al hacerlo, encontramos una mayor paz, felicidad y satisfacción en nuestra vida diaria.

Milfunnes es un término que se utiliza para describir la práctica de disfrutar de las pequeñas cosas de la vida. Se trata de una forma de vivir la vida con más atención y gratitud, y de apreciar las cosas simples que hacen que la vida valga la pena.

El término milfunnes fue acuñado por la autora y bloguera canadiense Gretchen Rubin. Rubin afirma que milfunnes son las pequeñas cosas que nos hacen sentir felices, satisfechos y agradecidos. Pueden ser cosas tan sencillas como disfrutar de un café caliente por la mañana, pasar tiempo con los seres queridos o contemplar la belleza de la naturaleza.

La práctica de milfunnes puede ayudarnos a mejorar nuestra salud mental y nuestro bienestar general. Cuando nos centramos en las pequeñas cosas, nos sentimos más felices, más conectados con el mundo que nos rodea y más motivados para vivir la vida al máximo.

Aquí hay algunos consejos para practicar milfunnes:

Tomate un momento cada día para apreciar las cosas buenas que tienes en tu vida. Puede ser algo tan simple como dar gracias por tu salud, tu familia o tus amigos.

Busca oportunidades para disfrutar de las pequeñas cosas. Puede ser algo tan sencillo como tomar un paseo por el parque, escuchar tu música favorita o leer un buen libro.

Sé consciente del momento presente. Cuando te concentres en el aquí y ahora, serás más propenso a apreciar las pequeñas cosas que te rodean.

La práctica de milfunnes es una forma sencilla de añadir más felicidad y satisfacción a tu vida.

10. Liberándote de patrones de pensamiento negativos

Liberándote de patrones de pensamiento negativos, puedes abrir las puertas hacia una vida más plena y satisfactoria. Estos patrones, arraigados en nuestra mente, pueden limitar nuestro crecimiento personal y afectar nuestra percepción del mundo que nos rodea.

Para comenzar este proceso de liberación, es importante reconocer y tomar conciencia de los patrones de pensamiento negativos que nos afectan. Esto implica observar nuestros pensamientos y emociones de manera objetiva, sin juzgarlos ni identificarnos con ellos. Al hacerlo, podemos identificar los patrones recurrentes que nos limitan y nos impiden avanzar.

Una vez que hemos identificado estos patrones, es fundamental cuestionar su validez y utilidad. Muchas veces, los pensamientos negativos se basan en creencias limitantes o distorsiones cognitivas que no reflejan la realidad de manera precisa. Al cuestionar su veracidad, podemos desafiar su poder sobre nosotros y abrir espacio para nuevas perspectivas más positivas.

Otro paso importante en este proceso es reemplazar los patrones de pensamiento negativos por pensamientos más positivos y constructivos. Esto implica cultivar una mentalidad de gratitud, enfocándonos en lo positivo de nuestras vidas y reconociendo nuestros logros y fortalezas. Además, podemos practicar la autocompasión y el autocuidado, tratándonos a nosotros mismos con amabilidad y comprensión.

Además, es útil rodearse de personas positivas y motivadoras que nos inspiren y nos apoyen en nuestro camino hacia la liberación de los patrones de pensamiento negativos. El entorno en el que nos encontramos puede influir en nuestra mentalidad, por lo que rodearnos de personas que nos impulsen hacia el crecimiento personal puede ser de gran ayuda.

Finalmente, es importante recordar que liberarse de los patrones de pensamiento negativos es un proceso continuo y requiere práctica y perseverancia. No se trata de eliminar por completo los pensamientos negativos, sino de aprender a manejarlos de manera saludable y construir una mentalidad más positiva y resiliente.

En resumen, liberarte de los patrones de pensamiento negativos implica reconocerlos, cuestionar su validez, reemplazarlos por pensamientos más positivos y rodearte de un entorno positivo. Este proceso te permitirá abrirte a nuevas posibilidades y vivir una vida más plena y satisfactoria. ¡Adelante, estás en el camino hacia la liberación!

11. Potenciando tu creatividad y pasiones

Potenciando tu creatividad y pasiones, puedes descubrir un mundo lleno de posibilidades y oportunidades. La creatividad es una habilidad innata en todos nosotros, pero a veces puede estar dormida o subutilizada. Al despertarla y nutrirla, puedes abrir puertas hacia nuevas experiencias y logros.

Una forma de potenciar tu creatividad es explorando diferentes actividades artísticas. Puedes probar la pintura, la música, la escritura o la danza. Estas expresiones artísticas te permiten liberar tu imaginación y encontrar nuevas formas de comunicarte con el mundo. Al sumergirte en estas actividades, descubrirás una fuente inagotable de inspiración y satisfacción personal.

Además, es importante encontrar tiempo para dedicarte a tus pasiones. Todos tenemos algo que nos apasiona, ya sea cocinar, hacer deporte, viajar o cualquier otra actividad. Al dedicar tiempo y energía a estas pasiones, te conectas con tu verdadero ser y encuentras un sentido de propósito en tu vida. Esto no solo te brinda alegría y satisfacción, sino que también te impulsa a alcanzar metas y superar desafíos.

La creatividad y las pasiones van de la mano, ya que, al explorar tus pasiones, despiertas tu creatividad y viceversa. Alimentar tus pasiones te ayuda a encontrar nuevas formas de expresión y a descubrir talentos ocultos. Por otro lado, la creatividad te permite encontrar nuevas perspectivas y enfoques para disfrutar aún más de tus pasiones.

No tengas miedo de experimentar y probar cosas nuevas. La creatividad y las pasiones no tienen límites, y cada persona tiene su propio camino hacia la realización personal. Permítete explorar, aprender de tus errores y crecer en el proceso. Recuerda que el viaje es tan importante como el destino, y cada paso que das en la búsqueda de tu creatividad y pasiones te acerca más a una vida plena y significativa.

En resumen, potenciar tu creatividad y pasiones te brinda la oportunidad de descubrir tu verdadero potencial y encontrar satisfacción en cada aspecto de tu vida. Alimenta tu creatividad a través de actividades artísticas y dedica tiempo a tus pasiones. No tengas miedo de explorar y experimentar, ya que cada paso te acerca más a una vida llena de alegría y realización. ¡Disfruta del viaje y descubre todo lo que eres capaz de lograr!

12. Mejorando tus habilidades de comunicación

Mejorar tus habilidades de comunicación es esencial para tener éxito en diversos aspectos de la vida. Una comunicación efectiva te permite transmitir tus ideas de manera clara y concisa, establecer relaciones sólidas y resolver conflictos de manera constructiva.

Existen varias estrategias que puedes implementar para fortalecer tus habilidades de comunicación. En primer lugar, es importante escuchar activamente a los demás. Esto implica prestar atención a lo que dicen, sin interrumpir y mostrando interés genuino. Al escuchar activamente, podrás comprender mejor las necesidades y perspectivas de los demás, lo que facilitará una comunicación más efectiva.

Además, es fundamental expresar tus ideas de manera clara y coherente. Evita utilizar jerga o lenguaje complicado que pueda confundir a tu interlocutor. En su lugar, utiliza un lenguaje sencillo y estructura tus ideas de forma lógica. Organiza tus pensamientos antes de hablar y utiliza ejemplos o analogías para hacer tus puntos más comprensibles.

Otro aspecto importante es el lenguaje corporal. Tu postura, gestos y expresiones faciales pueden transmitir mensajes poderosos. Mantén una postura abierta y relajada, mantén contacto visual y utiliza gestos adecuados para reforzar tus palabras. Esto ayudará a establecer una conexión más fuerte con tu interlocutor y a transmitir confianza y credibilidad.

Además, practicar la empatía es esencial para una comunicación efectiva. Intenta ponerte en el lugar de la otra persona y comprender sus emociones y perspectivas. Esto te permitirá responder de manera más adecuada y evitar malentendidos. La empatía también fomenta un ambiente de respeto y comprensión mutua.

Por último, no subestimes el poder de la práctica. Cuanto más practiques tus habilidades de comunicación, más confianza adquirirás. Puedes participar en debates, presentaciones o incluso unirte a grupos de discusión para mejorar tus habilidades de expresión oral. También puedes leer libros o tomar cursos sobre comunicación para ampliar tu conocimiento y aplicarlo en tu vida diaria.

En resumen, mejorar tus habilidades de comunicación es un proceso continuo que requiere práctica y conciencia. Escuchar activamente, expresar tus ideas de manera clara, utilizar un lenguaje corporal adecuado, practicar la empatía y buscar oportunidades de aprendizaje son algunas de las estrategias clave para fortalecer tus habilidades de comunicación. Al hacerlo, podrás establecer relaciones más sólidas, resolver conflictos de manera constructiva y alcanzar el éxito en diferentes áreas de tu vida.

13. Cultivando la empatía y la compasión

Cultivar la empatía y la compasión es un proceso fundamental en el desarrollo personal y en nuestras relaciones con los demás. Estas cualidades nos permiten conectarnos a un nivel más profundo con las experiencias y emociones de los demás, lo que a su vez fomenta la comprensión y el apoyo mutuo.

Para cultivar la empatía y la compasión, es importante comenzar por desarrollar una conciencia plena de nuestras propias emociones y experiencias. Esto implica estar presentes en el momento y ser conscientes de cómo nos sentimos y cómo nuestras acciones pueden afectar a los demás. Al comprender nuestras propias emociones, podemos comenzar a comprender mejor las emociones de los demás.

Además, es esencial practicar la escucha activa. Esto implica prestar atención de manera genuina a lo que los demás están diciendo, sin interrumpir ni juzgar. Al escuchar activamente, podemos captar las sutilezas de las palabras y las emociones subyacentes, lo que nos permite responder de manera más empática y compasiva.

Otro aspecto importante es ponerse en el lugar de los demás. Imaginar cómo se sienten en determinadas situaciones nos ayuda a comprender mejor sus perspectivas y a responder de manera más sensible.

Esto implica dejar de lado nuestros propios prejuicios y suposiciones, y abrirnos a nuevas formas de ver el mundo.

La práctica de la gratitud también puede ser útil para cultivar la empatía y la compasión. Al reconocer y apreciar las cosas positivas en nuestras vidas, desarrollamos una mayor sensibilidad hacia las experiencias y desafíos de los demás. La gratitud nos ayuda a ser más comprensivos y a encontrar formas de apoyar y ayudar a quienes nos rodean.

Finalmente, es importante recordar que la empatía y la compasión no solo se aplican a los demás, sino también a nosotros mismos. Ser amables y compasivos con nosotros mismos nos permite tener una base sólida desde la cual podemos extender esa amabilidad y compasión hacia los demás.

En resumen, cultivar la empatía y la compasión requiere de una conciencia plena de nuestras propias emociones, practicar la escucha activa, ponerse en el lugar de los demás, practicar la gratitud y ser amables con nosotros mismos. Estas cualidades nos permiten construir relaciones más significativas y contribuir a un mundo más compasivo y empático.

14. Enfrentando y superando los obstáculos

En la vida, todos nos enfrentamos a obstáculos que pueden parecer insuperables. Estos desafíos pueden surgir en diferentes áreas, ya sea en el trabajo, en nuestras relaciones personales o en la búsqueda de nuestros sueños. Sin embargo, es importante recordar que enfrentar y superar estos obstáculos es parte integral de nuestro crecimiento y desarrollo personal.

Cuando nos encontramos con un obstáculo, es natural sentirnos frustrados o desanimados. Puede parecer que estamos atrapados en una situación difícil, sin una solución clara a la vista. Sin embargo, es en estos momentos de adversidad donde se encuentra nuestra verdadera fortaleza y resiliencia.

Para superar los obstáculos, es fundamental adoptar una mentalidad positiva y proactiva. En lugar de enfocarnos en los problemas, debemos buscar soluciones y oportunidades de crecimiento. Esto implica analizar la situación desde diferentes perspectivas y explorar diferentes enfoques para encontrar la mejor manera de avanzar.

Además, es importante recordar que no estamos solos en esta lucha. Buscar apoyo en amigos, familiares o mentores puede brindarnos una perspectiva fresca y nuevas ideas para abordar los obstáculos. A veces, simplemente hablar sobre nuestros desafíos puede ayudarnos a encontrar claridad y motivación.

Es crucial también aprender de nuestros fracasos y errores. Cada obstáculo superado nos brinda una valiosa lección y nos fortalece para enfrentar futuros desafíos. En lugar de ver los errores como fracasos, debemos verlos como oportunidades de aprendizaje y crecimiento.

Además, es importante mantener una actitud de perseverancia y determinación. A veces, los obstáculos pueden parecer interminables y agotadores, pero es en esos momentos cuando debemos recordar nuestros objetivos y mantenernos enfocados en ellos. La persistencia y la paciencia son clave para superar cualquier obstáculo que se presente en nuestro camino.

En resumen, enfrentar y superar los obstáculos es una parte esencial de nuestra vida. A través de una mentalidad positiva, búsqueda de soluciones, apoyo de otros, aprendizaje de los errores y perseverancia, podemos superar cualquier desafío que se nos presente. No importa cuán difícil parezca, siempre hay una manera de avanzar y crecer.

15. Fomentando el autocuidado y el bienestar físico

Fomentar el autocuidado y el bienestar físico es esencial para mantener una vida saludable y equilibrada. El autocuidado implica tomar responsabilidad de nuestra propia salud y bienestar, adoptando hábitos y prácticas que promuevan nuestro bienestar físico.

Una forma de fomentar el autocuidado es a través de la alimentación adecuada. Consumir una dieta equilibrada y nutritiva proporciona los nutrientes necesarios para el funcionamiento óptimo de nuestro cuerpo. Esto implica incluir una variedad de alimentos frescos y naturales, evitando en la medida de lo posible los alimentos procesados y ricos en grasas saturadas y azúcares añadidos.

Además de la alimentación, es importante mantenerse activo físicamente. Realizar ejercicio regularmente no solo ayuda a mantener un peso saludable, sino que también fortalece nuestros músculos y mejora nuestra resistencia cardiovascular. El ejercicio puede ser tan simple como caminar, correr, nadar o practicar algún deporte que nos guste. Lo importante es encontrar una actividad física que disfrutemos y que podamos incorporar en nuestra rutina diaria.

El descanso adecuado también es fundamental para el autocuidado y el bienestar físico. Dormir lo suficiente y tener una buena calidad de sueño nos permite recuperarnos y rejuvenecer nuestro cuerpo. Establecer una rutina de sueño regular, crear un ambiente propicio para el descanso y evitar distracciones tecnológicas antes de dormir son algunas prácticas que pueden ayudarnos a mejorar nuestra calidad de sueño.

Además de estos aspectos básicos, el autocuidado también implica cuidar de nuestra salud mental y emocional. Esto puede incluir practicar técnicas de relajación, como la meditación o el yoga, buscar apoyo emocional cuando sea necesario y establecer límites saludables en nuestras relaciones personales y profesionales.

En resumen, fomentar el autocuidado y el bienestar físico implica adoptar hábitos saludables en nuestra alimentación, mantenernos activos físicamente, descansar adecuadamente y cuidar de nuestra salud mental y emocional. Al hacerlo, estaremos promoviendo un estilo de vida saludable y equilibrado que nos permitirá disfrutar de una vida plena y satisfactoria.

Historias Motivadoras.

1. La historia de Lizzie Velasquez es una joven estadounidense que nació con una rara condición genética que le impide acumular grasa corporal. Esto le ha causado graves problemas de salud, incluyendo desnutrición, ceguera y una piel extremadamente frágil.

A pesar de sus desafíos, Lizzie ha superado todas las adversidades y ha logrado convertirse en una exitosa oradora motivacional. Su historia ha inspirado a millones de personas en todo el mundo a seguir sus sueños y nunca rendirse.

2. La historia de Helen Keller nació en 1880 en Alabama, Estados Unidos. A los 19 meses de edad, contrajo una enfermedad que le dejó ciega y sorda. Esto la convirtió en una persona totalmente dependiente de los demás.

Sin embargo, Helen Keller no se dio por vencida. Con la ayuda de su profesora, Anne Sullivan, aprendió a leer, escribir y hablar. Se convirtió en una destacada activista y defensora de los derechos de las personas con discapacidad.

3. La historia de Nelson Mandela fue un líder sudafricano que luchó contra el apartheid. Fue encarcelado durante 27 años por su activismo, pero nunca renunció a sus ideales.

Tras su liberación, Mandela se convirtió en el primer presidente negro de Sudáfrica. Su historia es un ejemplo de la importancia de la perseverancia y la lucha por la justicia.

Otras historias motivadoras

Además de las historias mencionadas anteriormente, aquí hay otras historias motivadoras que pueden inspirarte:

La historia de Stephen Hawking, un físico teórico que superó la esclerosis lateral amiotrófica para convertirse en uno de los científicos más importantes de su generación.

La historia de Malala Yousafzai, una activista pakistaní que fue baleada por los talibanes por defender el derecho a la educación de las niñas.

La historia de Chris Gardner, un hombre que superó la pobreza y la adicción para convertirse en un empresario exitoso.

Estas historias nos demuestran que el éxito no es cuestión de suerte, sino de esfuerzo, dedicación y perseverancia.

Ejercicios reflexivos y estrategias probadas de autoayuda

1. Diario personal

El diario personal es una herramienta poderosa para la reflexión y la autoayuda. Al escribir sobre tus pensamientos, sentimientos y experiencias, puedes aprender más sobre ti mismo y tu relación con el mundo que te rodea.

Para aprovechar al máximo tu diario personal, es importante ser honesto contigo mismo y escribir con regularidad. No tienes que escribir todos los días, pero intenta hacerlo al menos una vez a la semana.

2. Meditación

La meditación es una práctica que se ha utilizado durante siglos para mejorar la salud mental y el bienestar. Al meditar, puedes aprender a calmarte, concentrarte y reducir el estrés.

Hay muchas formas diferentes de meditar. Una forma sencilla es simplemente sentarte en silencio y enfocar tu atención en tu respiración. Puedes empezar con sesiones de 5 o 10 minutos y gradualmente ir aumentando el tiempo.

3. Terapia

La terapia es una forma de ayuda profesional que puede ser muy eficaz para la autoayuda. Un terapeuta puede ayudarte a comprender tus pensamientos, sentimientos y comportamientos, y desarrollar estrategias para superar los desafíos que enfrentas.

Si estás luchando con problemas de salud mental, como ansiedad, depresión o estrés, la terapia puede ser una opción muy recomendable.

Otros ejercicios reflexivos y estrategias probadas de autoayuda

Además de los tres ejemplos mencionados anteriormente, hay muchas otras formas de practicar la reflexión y la autoayuda. Aquí hay algunos ejemplos más:

Gratitude journaling: Escribir sobre las cosas por las que estás agradecido puede ayudarte a aumentar tu felicidad y satisfacción con la vida.

Visualización: Imaginar tus metas y sueños puede ayudarte a motivarte y alcanzarlos.

Ejercicio: El ejercicio es una forma natural de reducir el estrés y mejorar el estado de ánimo.

Tiempo de calidad con los seres queridos: Pasar tiempo con las personas que te importan puede ayudarte a sentirte apoyado y conectado.

La mejor manera de encontrar las estrategias de autoayuda que funcionan para ti es experimentar con diferentes técnicas y ver qué te funciona mejor.

Autoayuda Especificas.

Capítulo 16. Relaciones Saludables: Guía para Mejorar tus Conexiones Personales

Las relaciones personales son una parte fundamental de nuestras vidas. Nos brindan apoyo emocional, nos ayudan a crecer y nos permiten experimentar la alegría de compartir momentos especiales con otros. Sin embargo, a veces nuestras relaciones pueden volverse complicadas y desafiantes. En este capítulo, exploraremos cómo mejorar nuestras conexiones personales y cultivar relaciones saludables.

En primer lugar, es importante recordar que todas las relaciones requieren trabajo y compromiso. No podemos esperar que las conexiones personales florezcan sin esfuerzo. Debemos estar dispuestos a invertir tiempo y energía en nuestras relaciones para que puedan crecer y prosperar.

Una de las claves para tener relaciones saludables es la comunicación efectiva. A menudo, los malentendidos y las disputas surgen debido a una falta de comunicación clara. Asegúrate de expresar tus pensamientos y sentimientos de manera abierta y honesta, y también de escuchar activamente a los demás. La comunicación abierta y respetuosa es fundamental para construir y mantener relaciones sólidas.

Además, es importante establecer límites saludables en nuestras relaciones. Todos tenemos necesidades individuales y es esencial comunicar esas necesidades a los demás. Aprende a decir "no" cuando sea necesario y establece límites claros en cuanto a lo que estás dispuesto a aceptar en una relación. Esto te ayudará a mantener un equilibrio saludable y evitar el resentimiento o la sobre exigencia.

Otro aspecto crucial para tener relaciones saludables es el respeto mutuo. Cada persona es única y merece ser tratada con respeto y dignidad. Aprende a valorar las diferencias y a aceptar a los demás tal como son. Evita el juicio y la crítica constante, y en su lugar, enfócate en construir una relación basada en el respeto y la comprensión.

Por último, pero no menos importante, es fundamental nutrir nuestras relaciones. Esto implica dedicar tiempo de calidad a las personas importantes en nuestras vidas. Organiza actividades conjuntas, muestra interés genuino en sus vidas y demuéstrales tu apoyo y afecto. Las relaciones saludables requieren atención constante y cuidado.

En resumen, mejorar nuestras conexiones personales y cultivar relaciones saludables requiere trabajo, comunicación efectiva, establecimiento de límites saludables, respeto mutuo y dedicación. Al invertir en nuestras relaciones, podemos experimentar una mayor satisfacción y felicidad en nuestras vidas. Recuerda que las relaciones son un viaje continuo, y siempre hay espacio para crecer y mejorar. ¡Así que comienza hoy mismo a construir relaciones más saludables y significativas!

Capítulo 17: Empatía y comprensión: Cómo cultivar la empatía hacia los demás

La empatía es una habilidad fundamental para establecer conexiones significativas con los demás y fomentar relaciones saludables. Nos permite comprender y compartir las emociones y experiencias de los demás, lo que a su vez fortalece nuestra capacidad de comunicación y nos ayuda a construir un mundo más compasivo.

Cultivar la empatía requiere práctica y conciencia. Aquí hay algunas estrategias que pueden ayudarte a desarrollar esta habilidad:

1. Escucha activa: Presta atención genuina a las palabras y emociones de los demás. Evita interrumpir y muestra interés en lo que están diciendo. Esto les hará sentir valorados y te permitirá comprender mejor su perspectiva.

2. Practica la empatía cognitiva: Intenta ponerte en el lugar de la otra persona y comprender su punto de vista. Imagina cómo te sentirías si estuvieras en su situación. Esto te ayudará a comprender mejor sus emociones y a responder de manera más comprensiva.

3. Valida las emociones de los demás: Reconoce y valida las emociones de los demás, incluso si no las comprendes completamente. Expresa tu comprensión y apoyo, lo que les hará sentirse escuchados y comprendidos.

4. Practica la empatía emocional: Conecta con tus propias emociones y sé consciente de cómo te afectan las experiencias de los demás. Esto te permitirá responder de manera más auténtica y empática.

5. Practica la empatía compasiva: Una vez que hayas comprendido las emociones de los demás, busca formas de ayudar y apoyar. Pregúntate cómo puedes contribuir positivamente a su bienestar y actúa en consecuencia.

Recuerda que la empatía es un proceso continuo y que requiere esfuerzo y práctica constante. A medida que te comprometas a cultivarla, notarás cómo tus relaciones se fortalecen y cómo te conviertes en un apoyo más significativo para los demás.

Espero que estos consejos te sean útiles. Si tienes alguna otra pregunta, no dudes en hacerla. Estoy aquí para ayudarte.

Capítulo 18: Apoyo mutuo: Cómo brindar apoyo y ser un buen compañero/a

El apoyo mutuo es esencial para construir relaciones sólidas y saludables. Ser un buen compañero implica estar presente para los demás, ofrecer apoyo emocional y práctico, y fomentar un ambiente de confianza y colaboración. En este capítulo, exploraremos algunas estrategias para brindar apoyo y ser un buen compañero/a.

1. Escucha activa: La escucha activa es fundamental para brindar apoyo efectivo. Presta atención a las necesidades y preocupaciones de los demás, y muestra interés genuino en lo que están experimentando. Evita interrumpir y permite que se expresen libremente.

2. Ofrece apoyo emocional: Sé comprensivo/a y empático/a con las emociones de los demás. Valida sus sentimientos y muestra empatía hacia sus experiencias. Puedes ofrecer palabras de aliento, expresar tu apoyo incondicional y estar disponible para escuchar cuando necesiten desahogarse.

3. Brinda apoyo práctico: Además del apoyo emocional, también puedes ofrecer ayuda práctica. Pregunta cómo puedes ayudar y busca formas concretas de brindar asistencia. Esto puede incluir tareas

cotidianas, como hacer mandados o cocinar una comida, o proporcionar recursos y consejos útiles.

4. Fomenta la confianza y la confidencialidad: Para ser un buen compañero/a, es importante crear un ambiente de confianza y confidencialidad. Asegúrate de que los demás se sientan seguros al compartir sus preocupaciones y problemas contigo. Respeta su privacidad y mantén la información confidencial en todo momento.

5. Celebra los logros y fortalezas de los demás: Reconoce y celebra los éxitos y fortalezas de tus compañeros/as. Anima y elogia sus logros, lo que les ayudará a sentirse valorados y apreciados. Esto también fomentará un ambiente positivo y de apoyo mutuo.

Recuerda que ser un buen compañero/a implica compromiso y dedicación. Estar dispuesto/a a brindar apoyo y ser un apoyo constante para los demás fortalecerá tus relaciones y creará un sentido de comunidad y colaboración.

Capítulo 19: Equilibrio Vida-Trabajo: Claves para una Vida Plena y Productiva

En la sociedad actual, el equilibrio entre la vida personal y el trabajo se ha convertido en un desafío cada vez mayor. Muchas personas se sienten abrumadas por las demandas laborales y luchan por encontrar tiempo y energía para dedicarse a sí mismas y a sus seres queridos. En este capítulo, exploraremos algunas claves para lograr un equilibrio saludable entre la vida y el trabajo.

1. Establece límites claros: Es importante establecer límites claros entre el trabajo y la vida personal. Define horarios específicos para trabajar y desconectar. Evita llevar trabajo a casa y dedica tiempo de calidad a tus actividades y relaciones fuera del ámbito laboral.

2. Prioriza tus actividades: Identifica tus prioridades y enfoca tu tiempo y energía en aquellas actividades que son más importantes para ti. Aprende a decir "no" a tareas o compromisos que no contribuyen a tus metas y valores personales.

3. Practica el autocuidado: Cuida de ti mismo/a tanto física como emocionalmente. Dedica tiempo regularmente a actividades que te brinden placer y relajación, como hacer ejercicio, meditar o disfrutar de un pasatiempo. Esto te ayudará a recargar energías y a mantener un estado de bienestar general.

4. Establece metas realistas: Define metas realistas tanto en tu vida personal como en tu carrera profesional. Establece objetivos alcanzables y divide grandes tareas en pasos más pequeños y manejables. Esto te ayudará a evitar sentirte abrumado/a y a mantener un sentido de logro constante.

5. Busca apoyo y delega responsabilidades: No tengas miedo de pedir ayuda cuando la necesites. Busca apoyo en familiares, amigos o colegas de confianza. Además, aprende a delegar responsabilidades en el trabajo y en casa. Esto te permitirá liberar carga y tener más tiempo para ti mismo/a.

6. Desconecta digitalmente: Establece momentos en los que desconectes de los dispositivos electrónicos y las redes sociales. Permítete

estar presente en el momento y disfrutar de las interacciones cara a cara con tus seres queridos. Esto te ayudará a reducir el estrés y a mejorar la calidad de tus relaciones personales.

Recuerda que el equilibrio vida-trabajo es un proceso individual y único para cada persona. Lo que funciona para uno puede no funcionar para otro. Experimenta con diferentes estrategias y encuentra el enfoque que mejor se adapte a tus necesidades y valores personales.

Capítulo 20: Mente Sana, Cuerpo Sano: Cómo Cuidar tu Salud Física y Mental

Mantener una buena salud física y mental es esencial para disfrutar de una vida plena y equilibrada. En este capítulo, exploraremos algunas estrategias clave para cuidar tanto tu mente como tu cuerpo.

1. Actividad física regular: El ejercicio regular no solo beneficia tu salud física, sino que también tiene un impacto positivo en tu bienestar mental. Encuentra una actividad que disfrutes, ya sea caminar, correr, nadar o practicar yoga, e intenta hacerlo de manera regular. El ejercicio libera endorfinas, que son hormonas que te hacen sentir bien y reducen el estrés.

2. Alimentación saludable: Una dieta equilibrada y nutritiva es fundamental para mantener una buena salud física y mental. Asegúrate de incluir una variedad de frutas, verduras, granos enteros, proteínas magras y grasas saludables en tu alimentación diaria. Evita los alimentos procesados y limita el consumo de azúcar y grasas saturadas.

3. Descanso adecuado: El sueño es crucial para el funcionamiento óptimo de tu mente y cuerpo. Intenta establecer una rutina de sueño regular y asegúrate de dormir las horas recomendadas para tu edad. Si tienes dificultades para conciliar el sueño, practica técnicas de relajación antes de acostarte, como la meditación o la respiración profunda.

4. Gestión del estrés: El estrés crónico puede tener un impacto negativo en tu salud física y mental. Aprende técnicas de manejo del estrés, como la meditación, el ejercicio regular, la escritura o hablar con

un profesional de la salud mental. Encuentra actividades que te ayuden a relajarte y desconectar del estrés diario.

5. Cultiva relaciones saludables: Las relaciones sociales positivas y de apoyo son fundamentales para mantener una buena salud mental. Busca conexiones significativas con amigos, familiares o grupos comunitarios. Comparte tus preocupaciones y emociones con personas de confianza y busca su apoyo cuando lo necesites.

Recuerda que cuidar tu salud física y mental es un proceso continuo y personalizado. Lo que funciona para una persona puede no funcionar para otra, así que experimenta y encuentra las estrategias que mejor se adapten a ti. No dudes en buscar ayuda profesional si sientes que necesitas apoyo adicional.

Capítulo 21: Redefine tu Éxito: Estrategias de Auto-ayuda para una Vida Significativa

En nuestra sociedad, a menudo se nos enseña que el éxito se mide por logros externos, como el dinero, el estatus social o el reconocimiento público. Sin embargo, esta visión limitada del éxito puede dejarnos insatisfechos y desconectados de lo que realmente nos brinda una vida significativa.

En este capítulo, exploraremos estrategias de auto-ayuda para redefinir tu éxito y encontrar un sentido más profundo en tu vida. Aquí hay algunas ideas clave:

1. Reflexiona sobre tus valores: Tómate el tiempo para identificar tus valores fundamentales. ¿Qué es realmente importante para ti en la vida? ¿Qué te hace sentir realizado y satisfecho? Al alinear tus acciones con tus valores, puedes crear una vida más auténtica y significativa.

2. Establece metas significativas: En lugar de perseguir metas superficiales basadas en la aprobación externa, busca metas que estén alineadas con tus valores y te brinden un sentido de propósito. Establece objetivos que te desafíen y te permitan crecer como persona.

3. Cultiva la gratitud: Practicar la gratitud regularmente puede ayudarte a apreciar las cosas simples de la vida y a encontrar alegría en lo que ya tienes. Mantén un diario de gratitud o tómate un momento cada día para reflexionar sobre las cosas por las que estás agradecido.

4. Encuentra tu pasión: Identifica tus intereses y pasiones y busca formas de incorporarlos en tu vida diaria. Cuando haces lo que amas, encuentras un sentido de propósito y satisfacción que va más allá de los logros externos.

5. Cultiva relaciones significativas: Las conexiones humanas son fundamentales para una vida significativa. Dedica tiempo y energía a construir relaciones auténticas y significativas con las personas que te rodean. Apoya a los demás y permite que te apoyen a ti también.

Recuerda que el éxito y la felicidad son conceptos individuales y personales. No hay una fórmula única para una vida significativa. Lo importante es que te tomes el tiempo para reflexionar sobre lo que realmente te importa y tomes medidas para vivir de acuerdo con tus propias definiciones de éxito.

Capítulo 22: Rompe Barreras: Superando Obstáculos y Alcanzando tus Metas

En la vida, nos encontramos con numerosos obstáculos que pueden dificultar nuestro camino hacia el logro de nuestras metas. Sin embargo, es importante recordar que estos obstáculos no son insuperables y que tenemos la capacidad de romper barreras y alcanzar nuestras metas si nos comprometemos y perseveramos.

Superar obstáculos requiere una combinación de determinación, resiliencia y estrategias efectivas. Aquí hay algunas ideas para ayudarte a romper barreras y alcanzar tus metas:

1. Define tus metas: Antes de poder superar obstáculos, es importante tener claridad sobre lo que quieres lograr. Define tus metas de manera específica y realista. Esto te dará una dirección clara y te ayudará a mantener el enfoque a medida que enfrentes los obstáculos.

2. Identifica los obstáculos: Identifica los obstáculos que podrían surgir en tu camino hacia tus metas. Esto podría incluir limitaciones personales, falta de recursos o barreras externas. Al identificarlos, podrás desarrollar estrategias específicas para superarlos.

3. Desarrolla una mentalidad positiva: Cultiva una mentalidad positiva y optimista. Reconoce que los obstáculos son oportunidades para crecer y aprender. Mantén una actitud de perseverancia y confianza en ti mismo/a a medida que enfrentas los desafíos.

4. Busca apoyo: No tengas miedo de pedir ayuda y buscar apoyo cuando lo necesites. Puede ser útil contar con el respaldo de amigos, familiares o mentores que te brinden orientación y aliento durante tu camino.

5. Desarrolla estrategias de resolución de problemas: A medida que te encuentres con obstáculos, desarrolla estrategias efectivas para superarlos. Esto podría implicar buscar alternativas, buscar nuevas soluciones o aprender nuevas habilidades. Mantén la mente abierta y dispuesto/a a adaptarte a medida que surjan nuevos desafíos.

6. Celebra los logros: A medida que superes obstáculos y alcances tus metas, celebra tus logros. Reconoce y valora el progreso que has hecho. Esto te motivará a seguir adelante y te recordará que eres capaz de superar cualquier barrera que se presente en tu camino.

Recuerda que superar obstáculos no siempre es fácil, pero con determinación y perseverancia, puedes romper barreras y alcanzar tus metas. ¡No te rindas y sigue adelante!

Capítulo 23: Mente Positiva, Vida Positiva: Claves para una Actitud Ganadora

Una mente positiva es una poderosa herramienta que puede transformar nuestra vida y ayudarnos a alcanzar el éxito y la felicidad. Cultivar una actitud ganadora implica adoptar una mentalidad optimista y enfocada en soluciones, incluso en medio de desafíos y adversidades. En este capítulo, exploraremos algunas claves para desarrollar una mente positiva y una vida positiva.

1. Autoconciencia: El primer paso para cultivar una mente positiva es ser consciente de nuestros pensamientos y emociones. Observa tus patrones de pensamiento y pregúntate si son constructivos o limitantes. Identifica las creencias negativas y trabaja en reemplazarlas por pensamientos positivos y afirmaciones que te impulsen hacia adelante.

2. Gratitud: Practicar la gratitud es una forma poderosa de cambiar nuestra perspectiva y enfocarnos en lo positivo. Tómate el tiempo cada día para reflexionar sobre las cosas por las que estás agradecido. Esto te ayudará a apreciar lo que tienes y atraer más cosas positivas a tu vida.

3. Visualización: Utiliza la visualización creativa para imaginar tus metas y sueños como si ya los hubieras logrado. Visualízate a ti mismo viviendo una vida positiva y exitosa. Esto te ayudará a mantener una mentalidad positiva y atraer las circunstancias adecuadas para lograr tus objetivos.

4. Enfócate en soluciones: En lugar de centrarte en los problemas, enfócate en encontrar soluciones. Adopta una mentalidad de resolución de problemas y busca oportunidades en cada desafío. Esto te permitirá superar obstáculos y avanzar hacia tus metas de manera más efectiva.

5. Cuida tu bienestar: Una mente positiva se nutre de un cuerpo y una mente saludables. Asegúrate de cuidar tu bienestar físico, emocional y mental. Practica actividades que te brinden alegría y paz, como el ejercicio regular, la meditación o la práctica de hobbies que te apasionen.

Recuerda que cultivar una mente positiva es un proceso continuo que requiere práctica y perseverancia. A medida que te comprometas a adoptar una actitud ganadora, notarás cómo tu vida se llena de más alegría, éxito y satisfacción.

Capítulo 24: Construye Tu Confianza: Cómo Mejorar tu Autoestima y Autoimagen

La confianza en uno mismo es esencial para tener éxito en la vida y disfrutar de relaciones saludables. Una autoestima sólida y una imagen positiva de uno mismo son fundamentales para construir esa confianza.

En este capítulo, exploraremos estrategias prácticas para mejorar tu autoestima y autoimagen.

1. Reconoce tus fortalezas: Tómate el tiempo para identificar y reconocer tus habilidades y cualidades positivas. Haz una lista de tus logros pasados y recuerda tus éxitos. Esto te ayudará a construir una base sólida para tu autoestima.

2. Practica el autocuidado: Cuida de ti mismo física, emocional y mentalmente. Establece rutinas saludables, como hacer ejercicio regularmente, dormir lo suficiente y alimentarte adecuadamente. También es importante dedicar tiempo a actividades que te gusten y te hagan sentir bien.

3. Desafía tus pensamientos negativos: Todos tenemos pensamientos negativos de vez en cuando, pero es importante aprender a desafiarlos y reemplazarlos por pensamientos más positivos y realistas. Cuestiona tus creencias limitantes y busca evidencia que las contradiga.

4. Establece metas realistas: Establecer metas alcanzables y trabajar para conseguirlas puede aumentar tu autoestima. Divide tus metas en pasos más pequeños y celebra tus logros a lo largo del camino. Esto te ayudará a construir confianza en tus habilidades y capacidades.

5. Rodéate de personas positivas: Las personas con las que te rodeas pueden tener un impacto significativo en tu autoestima. Busca relaciones saludables y apoyo emocional en personas que te valoren y te animen a crecer. Evita a aquellos que te critican constantemente o te hacen sentir mal contigo mismo.

6. Practica la autocompasión: Aprende a tratarte a ti mismo con amabilidad y comprensión. Reconoce que todos cometemos errores y que es parte del crecimiento personal. Permítete aprender de tus errores y perdonarte a ti mismo.

Recuerda que construir la confianza en uno mismo es un proceso gradual y continuo. No te desanimes si encuentras obstáculos en el camino. Con práctica y perseverancia, puedes mejorar tu autoestima y autoimagen, lo que te permitirá enfrentar los desafíos de la vida con mayor confianza y resiliencia.

Capítulo 25: Estrés Cero: Técnicas para la Gestión Efectiva del Estrés

El estrés es una parte inevitable de la vida, pero aprender a gestionarlo de manera efectiva puede marcar la diferencia en nuestra salud y bienestar. En este capítulo, exploraremos técnicas prácticas para lograr un estado de "estrés cero" y manejar las tensiones diarias de manera más saludable.

1. Identifica tus desencadenantes de estrés: El primer paso para gestionar el estrés es identificar qué situaciones o factores desencadenan tus niveles de estrés. Puede ser el trabajo, las relaciones personales o cualquier otra cosa. Una vez que identifiques estos desencadenantes, podrás tomar medidas para abordarlos de manera más efectiva.

2. Practica la relajación: La relajación es una herramienta poderosa para reducir el estrés. Puedes probar técnicas como la respiración profunda, la meditación, el yoga o incluso dar un paseo tranquilo. Encuentra lo que funciona mejor para ti y dedica tiempo regularmente a practicar estas técnicas de relajación.

3. Establece límites y prioridades: A menudo, el estrés surge cuando nos sobrecargamos de responsabilidades y nos sentimos abrumados. Aprende a establecer límites saludables y a priorizar tus tareas. Aprender a decir "no" cuando sea necesario y delegar responsabilidades puede ayudarte a reducir el estrés y tener un mayor control sobre tu vida.

4. Mantén un estilo de vida saludable: Una alimentación equilibrada, ejercicio regular y un sueño adecuado son fundamentales para gestionar el estrés. Estos hábitos saludables fortalecen tu cuerpo y mente, lo que te ayuda a enfrentar el estrés de manera más efectiva.

5. Busca apoyo social: Compartir tus preocupaciones y emociones con personas de confianza puede aliviar el estrés. Busca el apoyo de amigos, familiares o incluso grupos de apoyo. No tengas miedo de pedir ayuda cuando la necesites.

Recuerda que la gestión del estrés es un proceso individual y lo que funciona para una persona puede no funcionar para otra. Experimenta con diferentes técnicas y encuentra las que mejor se adapten a ti.

Al implementar estas técnicas de gestión del estrés, estarás en camino hacia un estado de "estrés cero" y una vida más equilibrada y saludable. ¡No dudes en explorar más sobre este tema y buscar el apoyo necesario para lograrlo!

Capítulo 26: Domina Tu Vida: Estrategias de Auto-ayuda para el Empoderamiento Personal

El empoderamiento personal es un proceso que implica tomar el control de tu vida y desarrollar la confianza en ti mismo para alcanzar tus metas y ser dueño de tu propio destino. En este capítulo, exploraremos estrategias de auto-ayuda que te ayudarán a dominar tu vida y fortalecer tu empoderamiento personal.

1. Conócete a ti mismo: El primer paso para empoderarte es entender quién eres, cuáles son tus fortalezas y debilidades, y qué es lo que realmente quieres en la vida. Reflexiona sobre tus valores, intereses y metas, y utiliza esta información como base para tomar decisiones y actuar de acuerdo con tus propias necesidades y deseos.

2. Establece metas claras: Define metas realistas y alcanzables que te motiven y te impulsen hacia adelante. Divide tus metas en pasos más pequeños y establece plazos para mantenerte enfocado y medir tu progreso. Celebra tus logros a medida que los alcanzas, lo que te dará un impulso adicional para seguir adelante.

3. Desarrolla una mentalidad positiva: Cultiva una actitud positiva hacia ti mismo y hacia la vida en general. Reconoce tus logros y aprende de tus fracasos sin dejar que te definan. Practica la gratitud y enfócate en las cosas buenas que tienes en tu vida. Alimenta tu mente con pensamientos positivos y evita la autocrítica destructiva.

4. Aprende a manejar el estrés: El estrés puede ser un obstáculo para el empoderamiento personal. Aprende técnicas de manejo del estrés, como la respiración profunda, la meditación o el ejercicio regular.

Encuentra actividades que te relajen y te ayuden a mantener la calma en momentos de tensión.

5. Busca apoyo y conexión: No tengas miedo de pedir ayuda cuando la necesites. Busca personas de confianza en tu vida, como amigos, familiares o mentores, que te apoyen y te animen en tu camino hacia el empoderamiento personal. Participa en comunidades o grupos que compartan tus intereses y te brinden un sentido de pertenencia.

6. Aprende de tus experiencias: Cada experiencia, ya sea positiva o negativa, puede ser una oportunidad de aprendizaje y crecimiento. Reflexiona sobre tus experiencias pasadas y extrae lecciones valiosas de ellas. Utiliza estos aprendizajes para tomar decisiones más informadas y evitar cometer los mismos errores en el futuro.

Recuerda que el empoderamiento personal es un viaje continuo y único para cada individuo. No hay una fórmula mágica, pero al aplicar estas estrategias de auto-ayuda, estarás en el camino correcto para dominar tu vida y alcanzar tu máximo potencial.

Capítulo 27: Cómo ganar amigos e influir sobre las personas

Ganar amigos e influir sobre las personas es un arte que puede ser aprendido y desarrollado. En este capítulo, exploraremos algunas estrategias efectivas para establecer relaciones sólidas y tener un impacto positivo en la vida de los demás.

1. Escucha activa: La habilidad de escuchar activamente es fundamental para ganarse la confianza y el respeto de los demás. Presta atención genuina a lo que dicen, muestra interés y haz preguntas relevantes. Esto les hará sentir valorados y te permitirá comprender mejor sus necesidades y deseos.

2. Muestra interés genuino: Demuestra un interés sincero por las personas que te rodean. Pregunta sobre sus intereses, metas y preocupaciones. Esto les hará sentirse importantes y te ayudará a establecer una conexión más profunda.

3. Sé auténtico: La autenticidad es clave para ganarse la confianza de los demás. Sé tú mismo y no trates de ser alguien que no eres. La honestidad y la transparencia son cualidades que la gente valora y aprecia.

4. Busca puntos en común: Encuentra intereses o experiencias compartidas con las personas con las que deseas establecer una relación. Esto crea un terreno común y facilita la conexión. Puedes hablar de hobbies, pasatiempos o experiencias similares.

5. Practica la empatía: La empatía es esencial para comprender y responder a las necesidades emocionales de los demás. Intenta ponerte en su lugar y comprender su perspectiva. Muestra comprensión y apoyo, y busca formas de ayudar y ser un recurso positivo en sus vidas.

6. Sé respetuoso y considerado: Trata a los demás con respeto y consideración. Valora sus opiniones y evita juzgar o criticar. La amabilidad y la cortesía son cualidades que te ayudarán a ganarte el aprecio de los demás.

7. Aprende a comunicarte efectivamente: Desarrolla habilidades de comunicación claras y efectivas. Sé claro en tus mensajes, escucha atentamente y utiliza un lenguaje positivo y constructivo. La comunicación abierta y honesta es fundamental para establecer relaciones sólidas.

Recuerda que ganar amigos e influir sobre las personas no se trata de manipulación o control, sino de construir relaciones auténticas y significativas. Al aplicar estas estrategias, podrás establecer conexiones más fuertes y tener un impacto positivo en la vida de los demás.

Capítulo 28: Desarrollo Personal: Tu Viaje hacia el Éxito y la Felicidad

El desarrollo personal es un proceso continuo de crecimiento y autodescubrimiento que nos permite alcanzar el éxito y la felicidad en nuestras vidas. Es un viaje único y personalizado en el que cada uno de nosotros tiene la oportunidad de explorar nuestras fortalezas, superar desafíos y alcanzar nuestro máximo potencial.

Para embarcarte en este viaje hacia el éxito y la felicidad, aquí hay algunas ideas y estrategias que puedes considerar:

1. Autoconocimiento: Comienza por conocerte a ti mismo. Reflexiona sobre tus valores, pasiones, fortalezas y debilidades. Esto te ayudará a establecer metas claras y alineadas con tus valores y a tomar decisiones más conscientes.

2. Establecimiento de metas: Define metas realistas y alcanzables que te motiven y te desafíen. Establece un plan de acción claro y divide tus metas en pasos más pequeños y manejables. Esto te ayudará a mantenerte enfocado y a medir tu progreso a lo largo del camino.

3. Desarrollo de habilidades: Identifica las habilidades que necesitas desarrollar para alcanzar tus metas. Busca oportunidades de aprendizaje, ya sea a través de cursos, libros, mentorías o experiencias prácticas. El crecimiento y la adquisición de nuevas habilidades te abrirán puertas y te acercarán más a tus objetivos.

4. Resiliencia y superación de obstáculos: A lo largo de tu viaje, es probable que te encuentres con obstáculos y desafíos. Cultiva la resiliencia y la capacidad de adaptarte a las circunstancias. Aprende de tus fracasos y utiliza esos momentos como oportunidades para crecer y mejorar.

5. Equilibrio y bienestar: Recuerda que el éxito y la felicidad no solo se basan en logros externos, sino también en tu bienestar emocional, físico y mental. Cuida de ti mismo y busca un equilibrio saludable entre el trabajo, el descanso, las relaciones y las actividades que te brindan alegría y satisfacción.

6. Gratitud y apreciación: Cultiva una actitud de gratitud y apreciación por las cosas positivas en tu vida. Reconoce tus logros y celebra tus éxitos, por pequeños que sean. Esto te ayudará a mantener una mentalidad positiva y a disfrutar del viaje hacia el éxito y la felicidad.

Recuerda que el desarrollo personal es un proceso continuo y único para cada individuo. No hay una fórmula mágica para el éxito y la felicidad, pero al comprometerte con tu crecimiento personal y aplicar estas estrategias, estarás en el camino correcto para alcanzar tus metas y vivir una vida plena y satisfactoria.

Capítulo 29: La fórmula para atraer la buena suerte

Todos deseamos tener buena suerte en nuestras vidas. Queremos que las cosas salgan bien, que se presenten oportunidades favorables y que alcancemos nuestros objetivos de manera fluida. Aunque la suerte puede parecer algo misterioso e impredecible, existen ciertos principios y prácticas que pueden ayudarnos a atraerla de manera más consistente. Aquí te presento una fórmula para atraer la buena suerte:

1. Actitud positiva: La actitud es clave para atraer la buena suerte. Mantener una mentalidad positiva y optimista nos permite estar abiertos a las oportunidades y nos ayuda a superar los obstáculos con resiliencia. Cultiva una actitud de gratitud y enfócate en lo positivo de cada situación.

2. Visualización y enfoque: Visualizar nuestros objetivos y enfocarnos en ellos nos ayuda a atraer la buena suerte. Imagina con detalle cómo te gustaría que las cosas salgan y mantén ese enfoque en tu mente. Esto te ayudará a tomar decisiones y acciones que te acerquen a tus metas.

3. Acción y perseverancia: La buena suerte no llega solo con desearla, requiere acción y perseverancia. Toma medidas concretas hacia tus objetivos y mantén la determinación incluso cuando enfrentes desafíos. La persistencia es fundamental para atraer la buena suerte a largo plazo.

4. Aprendizaje y adaptabilidad: Estar abierto al aprendizaje y ser adaptable son cualidades que atraen la buena suerte. Aprovecha las experiencias, tanto positivas como negativas, como oportunidades de crecimiento y ajusta tu enfoque según sea necesario. La capacidad de adaptarse a los cambios te permitirá aprovechar las oportunidades que se presenten.

5. Conexiones y colaboración: Las relaciones y la colaboración con otros también pueden influir en nuestra suerte. Cultiva conexiones positivas y busca oportunidades de colaboración. Compartir ideas y recursos con otros puede abrir puertas y generar sinergias que atraigan la buena suerte.

Recuerda que la buena suerte no es algo que podamos controlar completamente, pero al seguir esta fórmula, podemos aumentar nuestras posibilidades de atraerla. Mantén una actitud positiva, visualiza tus objetivos, toma acción, aprende de las experiencias y cultiva conexiones significativas. ¡Te deseo mucha buena suerte en tu camino!

Capítulo 30: La magia de la positividad

La positividad es una fuerza poderosa que puede transformar nuestras vidas y las vidas de quienes nos rodean. Nos permite ver el lado bueno de las cosas, mantener una actitud optimista y enfrentar los desafíos con resiliencia. En este capítulo, exploraremos cómo cultivar la positividad y aprovechar su magia para mejorar nuestra calidad de vida.

La primera clave para cultivar la positividad es practicar el pensamiento positivo. Esto implica entrenar nuestra mente para enfocarse en lo positivo en lugar de lo negativo. Podemos hacer esto desafiando nuestros pensamientos negativos y reemplazándolos con afirmaciones positivas. Al hacerlo, cambiamos nuestra perspectiva y comenzamos a ver oportunidades en lugar de obstáculos.

Otra estrategia importante es rodearnos de personas positivas. Nuestro entorno social tiene un impacto significativo en nuestro estado de ánimo y perspectiva. Al rodearnos de personas optimistas y motivadas, nos contagiaremos de su energía positiva y nos sentiremos inspirados para alcanzar nuestras metas.

Además, es esencial practicar la gratitud. Tomar el tiempo para apreciar las cosas buenas de la vida nos ayuda a mantener una actitud positiva. Podemos llevar un diario de gratitud, donde anotamos las cosas por las que estamos agradecidos cada día. Esto nos ayuda a enfocarnos en lo positivo y a cultivar una mentalidad de abundancia.

La práctica de la autocompasión también es fundamental. Ser amables y comprensivos con nosotros mismos nos permite superar los errores y fracasos con una actitud positiva. Reconocer que somos humanos y que todos cometemos errores nos ayuda a aprender y crecer en lugar de quedarnos atrapados en la negatividad.

Por último, es importante recordar que la positividad no significa ignorar los desafíos o negar las emociones negativas. Se trata de encontrar la fuerza y la resiliencia para enfrentar los desafíos con una actitud positiva y buscar soluciones constructivas.

En resumen, la positividad tiene el poder de transformar nuestras vidas. Al practicar el pensamiento positivo, rodearnos de personas positivas, practicar la gratitud, la autocompasión y enfrentar los desafíos con resiliencia, podemos aprovechar la magia de la positividad y vivir una vida más plena y satisfactoria.

Capítulo 31: Cómo convertirte en un imán de la felicidad

La felicidad es un estado deseado por muchos, pero a veces puede parecer escurridiza. Sin embargo, hay formas de convertirte en un imán de la felicidad y atraerla hacia tu vida de manera más consistente. Aquí te presento algunas estrategias que puedes implementar:

1. Cultiva una mentalidad positiva: La forma en que percibes el mundo y tus experiencias tiene un impacto directo en tu nivel de felicidad. Trata de enfocarte en lo positivo, busca el lado bueno de las situaciones y practica la gratitud. Aprecia las pequeñas cosas y encuentra motivos para sonreír cada día.

2. Cuida tu bienestar físico y mental: La felicidad está estrechamente relacionada con nuestro bienestar general. Asegúrate de cuidar tu cuerpo a través de una alimentación saludable, ejercicio regular y descanso adecuado. Además, dedica tiempo a cuidar tu salud mental, practicando técnicas de relajación, meditación o actividades que te brinden alegría y paz interior.

3. Cultiva relaciones positivas: Las conexiones sociales son fundamentales para nuestra felicidad. Busca rodearte de personas que te apoyen, te inspiren y te hagan sentir bien. Cultiva relaciones significativas y dedica tiempo a nutrirlas. Además, practica la empatía y la generosidad hacia los demás, ya que esto también contribuye a tu propia felicidad.

4. Encuentra tu propósito y pasión: Sentirte realizado y tener un sentido de propósito en la vida es clave para experimentar la felicidad. Reflexiona sobre tus valores, intereses y habilidades, y busca actividades o proyectos que te apasionen. Cuando haces lo que amas, te sientes más pleno y satisfecho.

5. Acepta y maneja las emociones negativas: La felicidad no significa evitar por completo las emociones negativas, sino aprender a manejarlas de manera saludable. Permítete sentir y procesar tus emociones, pero no te quedes atrapado en ellas. Busca formas saludables de lidiar con el estrés, como la práctica de técnicas de relajación, hablar con alguien de confianza o buscar ayuda profesional si es necesario.

Recuerda que la felicidad es un viaje personal y único para cada individuo. Lo que funciona para una persona puede no funcionar para otra, así que experimenta y encuentra las estrategias que mejor se adapten a ti. Con práctica y compromiso, puedes convertirte en un imán de la felicidad y disfrutar de una vida más plena y satisfactoria.

Capítulo 32: La ciencia de la abundancia

La abundancia es un concepto que va más allá de la simple acumulación de riquezas materiales. Se trata de una mentalidad y una forma de vida que nos permite experimentar plenitud en todas las áreas de nuestra existencia. La ciencia de la abundancia se basa en principios y prácticas respaldadas por investigaciones científicas que nos ayudan a cultivar una mentalidad de abundancia y a manifestarla en nuestras vidas.

1. Gratitud: La gratitud es un poderoso catalizador de la abundancia. Estudios han demostrado que practicar la gratitud regularmente aumenta nuestra felicidad y bienestar general. Al enfocarnos en lo que ya tenemos y apreciarlo, abrimos las puertas para recibir más bendiciones en nuestras vidas.

2. Pensamiento positivo: Nuestros pensamientos y creencias tienen un impacto directo en nuestra realidad. Adoptar una mentalidad positiva y enfocarnos en las posibilidades y oportunidades nos ayuda a atraer más abundancia. La ciencia ha demostrado que el pensamiento positivo mejora nuestra salud, bienestar emocional y relaciones interpersonales.

3. Visualización creativa: La visualización es una herramienta poderosa para manifestar la abundancia. Al imaginar y visualizar nuestros deseos y metas como si ya los hubiéramos logrado, activamos la ley de la atracción y atraemos las circunstancias y recursos necesarios para hacerlos realidad.

4. Acción inspirada: La abundancia no se trata solo de pensar positivamente, sino también de tomar acción. La ciencia de la abundancia nos enseña que cuando tomamos acción alineada con

nuestros deseos y valores, creamos un impulso que nos acerca a la manifestación de nuestros sueños.

5. Generosidad y compartir: La generosidad es una parte integral de la ciencia de la abundancia. Cuando compartimos nuestras bendiciones con los demás, creamos un flujo constante de energía positiva y abrimos espacio para recibir aún más. Estudios han demostrado que la generosidad está asociada con mayores niveles de felicidad y satisfacción en la vida.

6. Persistencia y resiliencia: La ciencia de la abundancia nos enseña que la persistencia y la resiliencia son clave para superar los desafíos y alcanzar la abundancia. Aprender de los fracasos, adaptarse y seguir adelante nos permite crecer y evolucionar hacia una vida más abundante.

Recuerda que la ciencia de la abundancia es un proceso continuo y requiere práctica y compromiso. Al adoptar estos principios y prácticas en tu vida diaria, podrás experimentar una mayor sensación de plenitud y abundancia en todas las áreas de tu vida.

Capítulo 33: El poder de la gratitud

La gratitud es una poderosa herramienta que nos permite apreciar y valorar las cosas positivas en nuestras vidas. Nos ayuda a enfocarnos en lo que tenemos en lugar de lo que nos falta, lo que a su vez nos brinda una sensación de satisfacción y felicidad. Cultivar la gratitud puede tener un impacto significativo en nuestra salud mental y emocional, así como en nuestras relaciones y bienestar general.

Practicar la gratitud implica reconocer y expresar aprecio por las cosas buenas que nos rodean. Aquí hay algunas formas en las que puedes incorporar la gratitud en tu vida diaria:

1. Mantén un diario de gratitud: Toma unos minutos cada día para escribir tres cosas por las que estás agradecido. Pueden ser grandes o pequeñas, desde un hermoso amanecer hasta una conversación significativa con un ser querido. Este ejercicio te ayudará a enfocarte en lo positivo y a desarrollar una mentalidad de gratitud.

2. Expresa tu gratitud: No te guardes tus sentimientos de agradecimiento para ti mismo. Expresa tu gratitud a las personas que te rodean. Puede ser a través de una nota de agradecimiento, un mensaje de texto o simplemente diciendo "gracias" de manera sincera. Esto no solo hará sentir bien a la otra persona, sino que también fortalecerá tus relaciones.

3. Encuentra gratitud en los desafíos: Incluso en momentos difíciles, hay lecciones que aprender y cosas por las que estar agradecido. Reflexiona sobre los desafíos que has enfrentado y encuentra algo positivo en ellos. Esto te ayudará a desarrollar resiliencia y a ver las dificultades como oportunidades de crecimiento.

4. Practica la gratitud en el presente: En lugar de esperar a tener algo o lograr algo para sentirte agradecido, encuentra gratitud en el momento presente. Aprecia las pequeñas cosas cotidianas, como una taza de café caliente o una sonrisa amistosa. Esto te ayudará a encontrar alegría y satisfacción en el aquí y ahora.

5. Sé consciente de tus privilegios: Reconoce los privilegios y ventajas que tienes en tu vida. Esto te ayudará a valorar lo que tienes y a ser más compasivo con aquellos que pueden estar enfrentando desafíos mayores.

La gratitud es una práctica que requiere constancia y compromiso. A medida que la incorpores en tu vida diaria, notarás cómo tu perspectiva se transforma y cómo experimentas una mayor satisfacción y felicidad.

Capítulo 34: Cómo manifestar tus sueños

Manifestar tus sueños es un proceso poderoso que te permite convertir tus deseos en realidad. A través de la visualización, la creencia y la acción, puedes crear la vida que siempre has deseado. Aquí te presento algunos pasos clave para ayudarte a manifestar tus sueños:

1. Clarifica tus sueños: Antes de poder manifestar tus sueños, es importante tener una idea clara de lo que realmente deseas. Tómate el tiempo para reflexionar sobre tus metas y sueños más profundos. Escribe tus deseos de manera específica y detallada, visualizando cómo sería tu vida una vez que se hayan cumplido.

2. Visualiza con intensidad: La visualización es una herramienta poderosa para manifestar tus sueños. Cierra los ojos y visualiza vivamente cómo sería tu vida si ya hubieras alcanzado tus metas. Siente las emociones positivas que te generarían esos logros. Cuanto más vívida sea tu visualización y más conectado te sientas con ella, más poderoso será el impacto en tu mente subconsciente.

3. Cultiva la creencia: La creencia en ti mismo y en la posibilidad de alcanzar tus sueños es fundamental. Elimina los pensamientos negativos y las dudas que puedan surgir. Enfócate en afirmaciones positivas y en reforzar tu confianza en ti mismo. Cree firmemente que mereces y eres capaz de lograr tus sueños.

4. Toma acción: La manifestación no se trata solo de visualizar y creer, sino también de tomar acción. Identifica los pasos concretos que puedes dar para acercarte a tus metas y comienza a darlos. Cada pequeño paso cuenta y te acerca más a la realización de tus sueños. Mantén una mentalidad de perseverancia y determinación a medida que avanzas hacia tus metas.

5. Agradece y celebra: A medida que avanzas en el proceso de manifestación, no olvides agradecer por lo que ya tienes y celebrar cada pequeño logro. La gratitud y la celebración te mantienen en una vibración positiva y te ayudan a mantener el enfoque en tus sueños.

Recuerda que manifestar tus sueños es un proceso continuo y requiere paciencia y persistencia. Mantén tu visión clara, confía en ti mismo y toma acción consistente. Con el tiempo, verás cómo tus sueños se manifiestan en tu realidad.

Capítulo 35: La vida es lo que piensas

En este capítulo, exploraremos la poderosa conexión entre nuestros pensamientos y nuestra experiencia de vida. La forma en que pensamos y percibimos el mundo tiene un impacto significativo en nuestra realidad y en cómo nos sentimos en ella. Nuestros pensamientos pueden influir en nuestras emociones, nuestras acciones y nuestras relaciones con los demás.

Es importante reconocer que nuestros pensamientos no son hechos objetivos, sino interpretaciones subjetivas de la realidad. A menudo, nuestras creencias y suposiciones pueden distorsionar nuestra percepción y limitar nuestras posibilidades. Por lo tanto, es fundamental examinar y cuestionar nuestros pensamientos para asegurarnos de que estén alineados con nuestros valores y metas.

Una forma de hacerlo es practicar la atención plena y la autoconciencia. Observar nuestros pensamientos sin juzgarlos nos permite identificar patrones negativos o limitantes. Una vez que somos conscientes de estos patrones, podemos desafiarlos y reemplazarlos por pensamientos más positivos y constructivos.

Es importante recordar que cambiar nuestros pensamientos no significa negar la realidad o ignorar los desafíos que enfrentamos. Se trata de adoptar una perspectiva más equilibrada y realista, reconociendo tanto los aspectos positivos como los negativos de una situación. Esto nos permite encontrar soluciones creativas y tomar decisiones informadas.

Además, es útil rodearnos de personas positivas y de apoyo que nos inspiren y nos animen a crecer. Nuestro entorno social puede influir en nuestros pensamientos y actitudes, por lo que es importante elegir cuidadosamente con quién nos rodeamos.

En resumen, la vida es lo que pensamos. Nuestros pensamientos moldean nuestra realidad y nuestra experiencia de vida. Al practicar la atención plena, la autoconciencia y desafiar nuestros pensamientos limitantes, podemos transformar nuestra perspectiva y crear una vida más positiva y significativa.

Capítulo 36: El arte de atraer la buena energía

La energía que nos rodea puede tener un impacto significativo en nuestra vida diaria. Atraer la buena energía puede ayudarnos a sentirnos más positivos, equilibrados y en armonía con nuestro entorno. En este capítulo, exploraremos algunas estrategias para cultivar y atraer la buena energía a nuestras vidas.

1. Cultiva una mentalidad positiva: La forma en que pensamos y percibimos el mundo puede influir en la energía que atraemos. Practica el pensamiento positivo y enfócate en las cosas buenas de la vida. Aprecia las bendiciones y busca el lado positivo de las situaciones.

2. Crea un espacio armonioso: Nuestro entorno físico puede tener un impacto en nuestra energía. Crea un espacio limpio, organizado y acogedor en tu hogar o lugar de trabajo. Agrega elementos naturales como plantas, colores suaves y objetos que te inspiren paz y serenidad.

3. Practica la gratitud: La gratitud es una poderosa herramienta para atraer la buena energía. Tómate el tiempo para apreciar y agradecer las cosas buenas de tu vida. Mantén un diario de gratitud o simplemente toma unos minutos cada día para reflexionar sobre las cosas por las que te sientes agradecido.

4. Conéctate con la naturaleza: Pasar tiempo al aire libre y conectarse con la naturaleza puede ayudarnos a recargar nuestra energía. Sal a dar un paseo, disfruta de un parque o simplemente siéntate en tu jardín. Observa la belleza de la naturaleza y permite que su energía positiva te envuelva.

5. Practica la bondad y la compasión: Ser amable y compasivo con los demás no solo beneficia a los demás, sino que también nos ayuda a atraer la buena energía. Realiza actos de bondad, muestra empatía y ayuda a los demás en la medida de lo posible. Esto generará una energía positiva a tu alrededor.

6. Cuida de ti mismo: No puedes atraer la buena energía si no te cuidas a ti mismo. Prioriza tu bienestar físico, mental y emocional. Duerme lo suficiente, come alimentos saludables, haz ejercicio y dedica tiempo a actividades que te hagan feliz. Cuanto mejor te sientas contigo mismo, más fácil será atraer la buena energía.

Recuerda que atraer la buena energía es un proceso continuo y requiere práctica y conciencia. A medida que te comprometas a cultivarla, notarás cómo tu vida se llena de positividad y armonía.

Capítulo 37: Cómo vivir una vida plena y feliz

Vivir una vida plena y feliz es un objetivo que muchos buscamos. Sin embargo, puede resultar desafiante en medio de las demandas y presiones diarias. Afortunadamente, existen estrategias y enfoques que pueden ayudarnos a alcanzar este objetivo y encontrar la felicidad en nuestra vida cotidiana.

1. Cultiva una mentalidad positiva: La forma en que percibimos y abordamos las situaciones puede tener un impacto significativo en nuestra felicidad. Trata de enfocarte en lo positivo, practicar la gratitud y buscar oportunidades de crecimiento y aprendizaje en cada experiencia.

2. Establece metas significativas: Tener metas claras y significativas nos brinda un sentido de propósito y dirección en la vida. Identifica tus valores y prioridades, y establece metas que estén alineadas con ellos. Trabaja de manera constante hacia su logro y celebra tus avances a lo largo del camino.

3. Cultiva relaciones saludables: Las conexiones humanas son fundamentales para nuestra felicidad. Dedica tiempo y esfuerzo a cultivar relaciones significativas con amigos, familiares y seres queridos. Fomenta la comunicación abierta, la empatía y el apoyo mutuo en tus relaciones.

4. Cuida de tu bienestar físico y mental: Nuestra salud física y mental juega un papel crucial en nuestra felicidad. Prioriza el autocuidado, incluyendo una alimentación saludable, ejercicio regular, descanso adecuado y prácticas de manejo del estrés. Busca ayuda profesional si es necesario y no descuides tu bienestar emocional.

5. Encuentra significado en tu trabajo y actividades: Pasamos una gran parte de nuestras vidas trabajando, por lo que encontrar significado y satisfacción en nuestro trabajo es importante. Busca oportunidades

para utilizar tus fortalezas y habilidades, y encuentra un equilibrio entre el trabajo y el tiempo libre para disfrutar de actividades que te apasionen.

6. Practica la autocompasión: Aprende a tratarte a ti mismo con amabilidad y compasión. Permítete cometer errores y aprender de ellos, y no te juzgues de manera severa. Cultiva la aceptación y el amor propio, reconociendo que eres digno de felicidad y bienestar.

Recuerda que la felicidad es un viaje personal y único para cada individuo. Experimenta con diferentes enfoques y encuentra lo que funciona mejor para ti. No te compares con los demás y recuerda que la felicidad no es un destino final, sino un estado de ánimo que podemos cultivar en cada momento de nuestra vida.

FIN.

Also by Max Becerra

"Nuevos Horizontes"
"Como evitar la pérdida de memoria."
"How to Avoid Memory Loss."
"Cómo seguir adelante con la muerte de un hijo"
"Las aventuras de un perro llamado, Como Tú"
"Manual Práctico de Autoayuda"

About the Author

"Dr. Cesar Becerra Rivas, soy médico graduado en 1993 en La Habana, Cuba. Desde el año 2001, reside en Chile, trabajando en Atención primaria y zona Rural por más de 26 años, donde he acumulado una vasta experiencia en temas de autoayuda. Su pasión por la medicina y la literatura se entrelazan en sus obras, que exploran temas de salud, bienestar y superación personal. Con un estilo cautivador y una profunda empatía. La idea es trasmitir conocimientos médicos de manera accesible, amena y empoderar a las personas a tomar el control de su salud y alcanzar una vida plena y equilibrada."